Couverture inférieure manquante

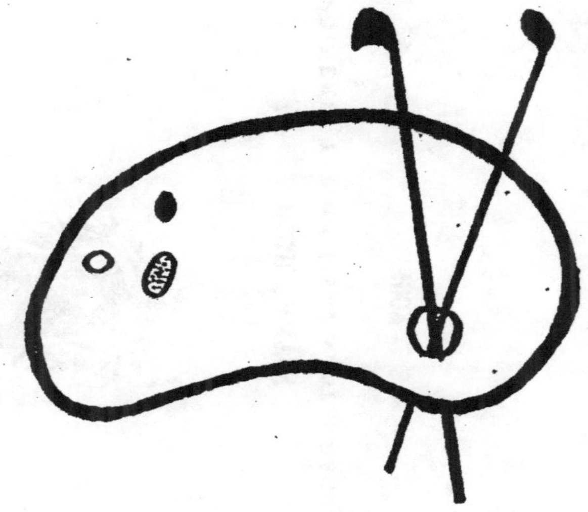

DEBUT D'UNE SERIE DE DOCUMENTS
EN COULEUR

NOTES

ET

OBSERVATIONS CRITIQUES

A PROPOS D'UNE

Histoire de la Sologne, Romorantin, etc.,

de M. Maymac, maire de Romorantin

PAR

M. L'Abbé Ernest PLAT

Curé Doyen de Salbris

ROMORANTIN

IMPRIMERIE TYP. ET LITH. A. STANDACHAR ET C°

—

1902

NOTES

ET

OBSERVATIONS CRITIQUES

A PROPOS D'UNE

Histoire de la Sologne, Romorantin, etc.,

de M. Maymac, maire de Romorantin

PAR

M. L'Abbé Ernest PLAT

Curé Doyen de Salbris

ROMORANTIN

IMPRIMERIE TYP. ET LITH. A. STANDACHAR ET C°

—

1902

NOTES & OBSERVATIONS CRITIQUES
SUR UNE HISTOIRE DE ROMORANTIN

HISTOIRE DE LA SOLOGNE, ROMORANTIN, SELLES-SUR-CHER, MENNETOU-SUR-CHER, etc., tel est le titre d'un ouvrage que vient de faire paraître M. G. Maymac, maire de Romorantin, et sur lequel nous nous permettrons de faire quelques brèves observations.

La tâche est délicate, et nous avons hésité d'abord à l'entreprendre ; mais l'auteur ayant sollicité lui-même le contrôle (p. 25), nous ne pouvons mieux faire que de répondre à son désir.

Disons tout de suite que le titre semble pompeux pour l'importance de l'œuvre. M. Maymac paraît l'avoir compris, car dans son « *simple mot au lecteur,* » il baisse immédiatement le ton. Ce travail n'est plus qu'un opuscule, une *compilation des plus modestes* (p. 5, 20, 24).

Suivons notre auteur dans l'ordre même de ses chapitres.

1º **Nos Archives.** — M. Maymac a puisé ces renseignements dans l'introduction de l'*Inventaire sommaire* des Archives communales rédigé par M. Fernand Bournon, archiviste du département. On pourrait croire à le lire que nous avons conservé l'original même de la charte de 1196 : ce serait une erreur. Nous ne possédons en réalité que les *vidimus* de 1233, 1255, et enfin la charte de Guy Ier de Châtillon, dont M. Bournon nous a donné de longs extraits (Inventaire sommaire, série AA., 1).

2° **Les anciens actes de l'état-civil**, qu'il faudrait appeler pour être plus exact : *Registres de paroisse.* « Les archives de Romorantin, dit M. Maymac, en possèdent la suite complète depuis 1631. » Relevons dans ces deux lignes une erreur et une lacune : il faut dire 1621, d'après M. Bournon, et non 1631 ; de plus, cette phrase ne laisse pas soupçonner l'existence des registres de 1569 jusqu'à 1578. Ce détail cependant est utile pour donner une idée vraie, quoique sommaire, de nos registres paroissiaux.

3° **Antiquités de la Sologne. Voies romaines. Etymologie du mot Sologne.** — Dans ces trois chapitres, l'historien s'est largement inspiré de l'intéressant mémoire de notre savant compatriote M. de la Saussaye. On pourrait dire qu'il l'a simplement copié, *pillé* même, comme il l'avoue page 24, et sans prévenir toujours assez de ces emprunts. Donnons un exemple :

Mémoire sur les Antiquités de la Sologne, par M. de la Saussaye (Extraits), p. 1.	*Histoire de la Sologne,* par M. Maymac, page 12.
Chez tous les barbares, les limites des cités sont d'ordinaire les mêmes que celles des régions naturelles dont le nom reste dans la langue des peuples et survit à ceux de toutes les divisions politiques imaginées dans la suite par les Etats civilisés. A une époque antérieure à la conquête romaine, le territoire de la Sologne aurait été envahi par les Carnutes, et les déserts qui devaient servir de frontières entre leur cité et celle des Bituriges commençaient sans doute à la ligne que nous ont transmise les délimitations diocésaines, calquées, comme on sait, sur celles des anciennes cités. Cette ligne passe par Sourdon (Loiret), Pierrefitte et Romorentin (Loir-et-Cher.)	Chez tous les barbares, en effet, les limites des cités sont d'ordinaire les mêmes que celles des régions naturelles dont le nom reste dans la langue des peuples et survit à ceux de toutes les divisions politiques imaginées dans la suite par les Etats civilisés. A une époque antérieure à la conquête romaine, le territoire de la Sologne aurait été envahi par les Carnutes, et les déserts qui devaient servir de frontières entre leur cité et celles des Bituriges commençaient sans doute à la ligne que nous ont transmise les délimitations diocésaines, calquées, comme on sait, sur celles des anciennes cités. Cette ligne passe par Sourdon (Loiret), Pierrefitte et Romorantin (Loir-et-Cher.)

Et plus loin, à propos de l'étymologie du mot Sologne, voici comment s'expriment :

<table>
<tr><td>

M. de la Saussaye :

Le nom latin de la Sologne nous a été transmis par les légendaires qui ont écrit, dans les xᵉ et xɪᵉ siècles, les vies des saints locaux, Viâtre, Romain, Genulphe, Avit et autres. Ils l'appellent indifféremment *Secalaunia*, Secalonia, Segalonia, Sigalonia, que l'on traduisit successivement par Souloigne, Soloigne, Soulongne, Solongne et Sologne. L'opinion commune veut que ces différentes appellations dérivent du latin *secale* parce que la Sologne a fourni de tout temps une grande abondance de seigle, etc.

</td><td>

M. Maymac :

Le nom latin de la Sologne nous a été transmis par les légendaires qui ont écrit, dans les xᵉ et xɪᵉ siècles les vies des saints locaux, Viâtre, Romain, *Genulph* (sic), Avit et autres. Ils l'appellent indifféremment *Secalaunia*, Secalonia, Segalonia, Sigalonia, que l'on traduisit successivement par Souloigne, Soloigne, Soulongne, Solongne et Sologne. L'opinion commune veut que ces différentes appellations dérivent du latin *secale* parce que la Sologne a fourni de tout temps une grande abondance de seigle, etc.

</td></tr>
</table>

Il serait facile de continuer ces rapprochements et de montrer que le maire de Romorantin ne nous donne pas en somme le résumé d'un travail sérieux, mais une série de coupures mal soudées entre elles et qui perdent ainsi la plus grande partie de leur intérêt et surtout de leur valeur scientifique.

4° **Etymologie du mot Romorantin.** — M. Maymac relate d'abord les opinions variées des différents chroniqueurs, puis il indique ses préférences.

« Nous inclinerions, dit-il, p. 22, à adopter la version du « *Rio-Morantini*, qui a le mérite d'être fort *simple* et qui « permet par le *simple* retranchement d'une voyelle de « retrouver la dénomination actuelle de notre ville. »

La chose ne nous paraît pas si *simple*. Il y a plus d'une voyelle à retrancher, car jamais le ruisseau qui aurait donné son nom à la ville ne s'est appelé le *Morantin*, mais bien le *Rantin*. Les archives elles-mêmes en font foi.

5° **Berceau de Romorantin.** — Comme tous ses

devanciers, l'auteur est obligé de rester dans le domaine des suppositions.

6° **Epoque féodale.** — Ce chapitre est absolument vide. Et les quelques affirmations qu'il renferme restent souvent douteuses, bien qu'on les donne trop facilement comme certaines. Etudions-les un peu après les avoir résumées :

1° Nos archives nous démontrent, dit notre historien, qu'à cette époque un château-fort existait dans l'île Marin.

2° Lorsque les limites (de la ville) lui parurent trop étroites et qu'elle voulut les étendre, très facilement elle franchit le petit bras de la Sauldre et s'allongea ainsi dans le Bourgeau (page 26).

3° Les constructions ne s'élevèrent sur la rive droite que beaucoup plus tard, au temps où Jehan d'Angoulême édifia le nouveau château.

Ce sont là des points absolument fixés, dit avec une superbe assurance notre auteur, fixés par nos archives communales et sur lesquels, par conséquent, le *moindre doute* ne pourrait exister (p. 26).

Je serais très heureux, tout d'abord, si M. Maymac voulait bien nous indiquer d'une façon plus précise les documents de nos *archives communales* qui permettent de fixer aussi sûrement l'existence d'un château dans l'île Marin, d'affirmer que l'enceinte de la ville (rive droite) fut construite au temps de Jehan d'Angoulême seulement et après le Bourgeau. L'inventaire Bournon n'en parle pas ; serait-il si incomplet, qu'il eût laissé de tels documents dans l'ombre ?

De plus, est-ce bien Jehan d'Angoulême qui construisit sur la rive droite « le château devenu aujourd'hui l'hôtel de la « sous-préfecture » ?

C'est certain, c'est fixé, le moindre doute ne saurait exister. Ainsi parle M. Maymac, p. 26 et 56 de son histoire.

Malheureusement, un de ses amis de Romorantin, artiste et érudit à ses heures, lui joue un mauvais tour quand l'ouvrage était déjà sous presse. Il lui communique un document sérieux, d'où il semble résulter clairement que ce château ne fut pas édifié par Jehan d'Angoulême, mais bien au temps de Louise de Savoie, mère de François Ier (27 septembre 1512).

Dès lors, M. Maymac oublie à l'Appendice les solennelles affirmations de la page 26, les riches documents de nos archives communales ; il change inconsciemment son fusil d'épaule comme un simple député. Une seule chose est certaine maintenant, fixée sans retour, c'est... le contraire de ce qu'il a précédemment affirmé.

Ecoutons plutôt : « Nombreux chroniqueurs du Blaisois et « de la Sologne (y compris M. Maymac, notamment p. 26 et « 56) semblent avoir commis une erreur en attribuant à Jehan « et Charles d'Angoulême la construction du nouveau château. « Notre ami, M. Scribe, nous communique, au dernier « moment, une courte mais intéressante notice qui a été « publiée à Caen, par M. Henri Stein, archiviste-paléographe, « et qui tend à rectifier cette erreur. » (Appendice 1).

C'est toujours M. Maymac qui parle. Il capitule avec la plus aimable insouciance. A notre avis, il a grand tort cependant de rendre si facilement les armes. Le document fourni par M. Stein est très intéressant, il prouve que Louise de Savoie eut le désir d'agrandir son château de Romorantin, et commença même la réalisation de ses projets, mais il ne dit pas que ce soit précisément le pavillon encore debout à notre époque, et surtout il ne prouve pas que ce soit le premier château élevé sur la rive droite de la Sauldre, comme l'affirme M. Stein dans cette phrase : « Les fondations du nouveau « château *sur la rive droite de la Sauldre, et par conséquent à* « *une place différente de l'ancienne forteresse ruinée,* étaient éta- « blies en 1512... »

Malgré ce nouveau document, et contre les affirmations de M. Stein, nous continuons à croire qu'en 1512 et même long-temps avant cette date, un château s'élevait sur la rive droite de la Sauldre. Nous en donnerons deux preuves :

En premier lieu, nos archives municipales nous parlent, dès la fin du xve siècle, des portes de la première enceinte de la ville, sur la rive droite de la Sauldre, porte d'Amont, porte Lambin, porte Beraulde ou Bezeaulde et de « la muraille de « la dicte ville au-dessus de l'allée du Portereau estant près du « chasteau. » (Arch. M., Série C. C. 1490-1495).

Remontant un demi-siècle plus haut, on retrouve déjà un château sur la rive droite. Témoin ce document daté de 1422 et signé par Charles d'Orléans, seigneur de Romorantin :

« Le maître de nos œuvres et autres personnes en ce « cognoissant avoient advisé que l'eau d'un petit estang « appelé *l'estang du marché,* à nous appartenant, assis près des « fossez faisans closture de nostre dicte ville, seroit moult « convenable et proufitable pour la fortification et tuition « d'icelle ville et de nostre *chastel de Remorentin,* et que, pour « la dicte eau torner en fossez des *diz chastel* et ville serait « nécessité de faire une reze chaussée et estouper la gaière du « dict estang en telle manière que d'icelle eau les diz fossez « fussent continuellement tenuz pleins. » Lettres patentes du 18 juin 1422. Original aux archives nationales).

Les fossés, les murailles, le château, dont parle ici Charles d'Orléans, étaient évidemment sur la rive droite de la

Sauldre. Car outre qu'il n'y avait pas d'étang dans l'île Marin, la rivière eût donné assez d'eau pour remplir les fossés (1).

7° Charte d'affranchissement. — « Ceux qui « n'ont pas le goût du latin barbare, nous sauront gré de « leur en donner la traduction. » (M. Maymac, p. 28).

Oui, mais à condition que le français ne sera pas aussi barbare que le latin, et que la traduction sera au moins correcte. Pourquoi notre auteur traduit-il ces mots : *Boni patris* par de *mon beau-père*. Il y a là un double contre-sens, grammatical et historique.

Tout élève de 9me aurait dit : de mon *bon père*, et de plus nous savons que le comte Thibault était *père* et non *beau-père* de Louis de Blois.

Cette phrase est-elle bien française : « Si quelque maison « *vint* à tomber de telle sorte que la place soit vide de maison, « je ne prendrai rien là jusqu'à ce que la maison soit « reconstruite. »

Pourquoi encore a-t-on écrit le mot *cense* avec un *e*, et l'a-t-on mis deux fois au féminin : « Cette *cense* sera payée....

(1) Bien que nous n'en tirions pas les mêmes conclusions que M. Stein, le document qu'il a publié ne perd rien de son intérêt. Il confirme à notre avis une tradition très connue et dont nous trouvons mention dans les chroniqueurs.

Louise de Savoie ou son fils, le prince François avait fait jeter les fondations d'un nouveau palais dans les jardins du château. Les murailles s'élevaient à dix pieds au-dessus du sol quand les travaux furent subitement interrompus. M. de Fougères dans son *Rapport* nous apprend que ces fondations subsistaient encore peu de temps avant la révolution et qu'elles ont servi de carrière jusqu'à leur épuisement.

Serait-il téméraire de supposer que ces travaux inachevés sont précisément ceux dont il est question dans le document H. Stein.

En 1512, François d'Angoulême avait déjà 18 ans, il était fiancé à Claude de France, il pouvait dès lors penser à élever près du château de ses ancêtres un nouveau palais plus digne de la fille de Louis XII. Louise de Savoie heureuse de voir ses efforts couronnés de succès par une union si longtemps désirée, devait elle-même trouver son modeste manoir indigne d'une future reine et travailler à l'embellir.

« Si cette *cense* n'a pas été payée... » Il ne s'agit pas ici de la maison démolie (1), mais de la redevance de cinq sols imposée à l'art. 3 de la charte. (Cens, *s. m.* — En jurisprudence féodale, redevance que le possesseur d'une terre payait au seigneur). Littré. — Il y a bien « *hæc censa* » dans le texte de la charte, mais il est entendu que c'est du latin barbare.

Après avoir donné cette traduction « fidèle » de la Charte d'affranchissement, M. Maymac se défend d'avoir « la préten- « tion d'analyser ou de commenter ce document. » Ce qui ne l'empêche pas de malmener les seigneurs qui accordèrent à nos pères les premières chartes de leurs franchises.

A l'entendre, les seigneurs en « octroyant les chartes « d'affranchissement ont obéi à la pression d'une foi religieuse « quelque peu surchauffée, bien plus qu'ils n'ont cédé aux « élans naturels d'un cœur généreux... Ils ne donnaient point « la liberté, mais la vendaient et même le plus cher possible... « Ces braves seigneurs pouvaient en fait d'usure en remontrer « *aux Juifs...! »*

« Aussi nos pères étaient-ils loin de regarder leur affranchis-sement comme une grande grâce et d'y attacher autant d'im-portance que nous pourrions le croire. » (Voir M. Maymac, non au chapitre de la charte d'affranchissement, mais à l'article ayant pour titre : Au temps des croisades, p. 35.)

Nous ne sommes pas entièrement de l'avis de M. Maymac.

Nos pères acceptèrent ces heureuses transformations avec joie et reconnaissance. Ils étaient très fiers de la liberté relative qui leur fut accordée, témoin le soin jaloux avec lequel ils conservèrent les originaux de ces chartes ; témoin encore la

---

(1) Il serait possible d'écrire *cense* avec un *e* s'il s'agissait de l'immeuble imposé. *Cense*, b. lat. *censa* du latin *census* s. f., nom qu'on *donnait aux métairies.* Littré.

précaution qu'ils eurent d'en réclamer souvent la confirmation de leurs nouveaux seigneurs.

Dans le Midi, pays que connaît bien M. Maymac, on dit volontiers : Si le Midi bouge !! Aux XIIe et XIIIe siècles le Midi bougeait. C'est les armes à la main que les peuples obtinrent souvent leurs libertés communales et fondèrent leurs consulats. Nos pères plus heureux n'eurent pas à combattre pour forcer la main de leurs maîtres, qui leur accordèrent spontanément la liberté.

8° Au temps des Croisades.

— M. Maymac a donc un chapitre sur les Croisades. Très court heureusement. Il parle de ces grandes et chevaleresque entreprises avec une désinvolture, une légèreté impardonnables.

Du reste, ce chapitre, comme les deux précédents, sur les *Droits féodaux* et sur la *Quintaine,* n'ont rien de spécial à Romorantin. Ceux qui chercheront dans ces pages des détails intéressant notre histoire locale, selon l'expression de M. Maymac, reviendront *bredouilles,* comme de simples croisés.

9° La guerre de Cent ans.

— L'historien de Romorantin et de la Sologne se contente de copier les chroniques de Froissart. Il ne pouvait mieux faire.

Après avoir dit un mot des sages ordonnances de Charles V, il parle de

10° Nos premières murailles

et de la **Grosse Tour,** sans qu'on sache trop pourquoi il plante là ce chapitre.

Retenons une affirmation qui nous servira plus tard. C'est M. l'abbé Millot, ancien principal du collège de Romorantin qui parle : « Cette partie de la Tour s'affaissa et tomba le « 27 septembre 1677... ; de ses débris on construisit une

« tour au-dessus de la porte de l'ancienne enceinte qui alors
« se trouvait au milieu de la ville et on y *plaça l'horloge...* »

Nous voici arrivés à la page 56 de l'Histoire de Romorantin,
c'est-à-dire environ au quart de l'ouvrage. Arrêtons-nous un
instant pour faire part d'une observation qui se présente à
notre esprit.

Au début de son livre, M. Maymac nous a fait une promesse
qu'il renouvelle plusieurs fois. « L'histoire de la Sologne (et
de Romorantin sans doute), existe depuis longtemps dans les
cartons de nos vieilles archives... Nous n'avons eu qu'à les
ouvrir... Nos archives sont là, rangées comme de vieux
soldats qui attendent la revue... il n'y a qu'à tendre la main
et à retirer les liasses qui les contiennent... Tous les matériaux
de notre histoire locale se trouvent réunis et classés en un
ordre parfait (plus parfait alors que dans l'histoire elle-même).
Nous n'avons donc plus qu'à les prendre pour ainsi dire un à
un et à les passer à nos lecteurs... » (M. Maymac, *passim.*)

Belles promesses ! Mais, hélas ! promesses de député ! Dans
les 56 premières pages de l'ouvrage, l'auteur cite, copie, pille :
Froissart, de la Saussaye, Bernier, Dupré (je l'en félicite, car
ce sont des autorités sérieuses), puis Brantôme, Boutaric,
voire même Monstrelet, et quelques manuscrits à peu près
sans valeur, au moins au point de vue documentaire, mais ne
parle jamais de nos archives communales, surtout avec indi-
cation précise de la date, de la liasse ou du registre, sauf dans
le chapitre spécial qui les concerne et quand il traduit la charte
d'affranchissement.

Ces *vieux soldats,* selon l'expression de M. Maymac, restent
fixes, immobiles à leur poste, attendant la revue qu'on oublie
de leur faire passer. Ils attendront longtemps, car on ne les
dérangera guère plus souvent dans la suite.

11° La famille d'Angoulême. — Une visite de la reine de Hongrie, la naissance de la reine Claude, une charte de François Ier, quelques extraits du journal de Louise de Savoie, le récit de l'accident arrivé au roi de France, d'après du Belley, les galantes aventures de François Ier avec Mme de Chateaubriand... Un point c'est tout. Tout, pour cette période relativement brillante de notre histoire locale ! Et cela jeté pêle-mêle, sans suite, sans cohésion. L'auteur ne cherche pas dans un travail personnel à fondre ensemble tous ces documents pour reconstituer historiquement une époque glorieuse pour notre ville. Le lecteur attentif et judicieux s'en apercevra et le regrettera.

Inutile d'insister. Je me contenterai dans cette suite de chapitres de signaler une contradiction et de relever une erreur.

A la page 57 de son histoire, l'auteur confirme ce qu'il avait déjà avancé précédemment (p. 26), à savoir que « les « constructions ne s'élevèrent sur la rive droite (de la Sauldre) « que au temps de Jehan d'Angoulême » (xve siècle).

A la même page 57, dix lignes plus loin seulement, M. Maymac se réfute lui-même en rectifiant une prétendue erreur de M. Dupré. « A cette époque, nous dit-il (sous les comtes d'Angoulême), si les murailles n'étaient point hautes et si *la ville* n'était guère fortifiée, elle l'était cependant un peu..., une bulle d'Alexandre III, dont il sera parlé plus loin, fait mention du cimetière St-Martin, sis hors les murs. » (1178)

Il y avait donc une enceinte fortifiée sur la rive droite, avec des tourelles et des portes, *une ville* (M. Maymac l'affirme), à la fin du xiie siècle. Prétendre à la même page que les premières constructions sur la même rive ne s'élevèrent qu'au xve siècle, n'est-ce pas se contredire grossièrement ?

Voilà pour la contradiction.

Et l'erreur ? La voici :

M. Maymac affirme, à la page 58, qu'une certaine reine de Hongrie qui fit son entrée solennelle à Romorantin, était *sœur* de Louis XII. Il se trompe. Cette reine n'était nullement sœur du roi, nous en apportons la preuve :

Charles, duc d'Orléans, comte de Valois, épousa : 1° Isabelle de France, dont il eut une fille, Jeanne d'Orléans, première femme du duc d'Alençon. Elle mourut en 1432.

2° Bonne d'Armagnac, sans postérité.

3° Marie de Clèves, dont il eut :

(*a*) Louis d'Orléans, plus tard Louis XII.

(*b*) Marie d'Orléans, qui épousa Jean de Foix de Grailli ; elle mourut en 1493.

(*c*) Anne d'Orléans, abbesse de Fontevrault et plus tard de Sainte-Croix de Poitiers, morte en 1491.

Les deux sœurs de Louis XII étaient donc décédées longtemps avant l'avènement au trône de leur frère, par conséquent avant 1502.

La reine de Hongrie, dont il est parlé, devait être Anne de Foix de Kendal, fille de Gaston de Foix de Buch, comte de Kendal (Angleterre), et de Catherine, infante d'Aragon, sa première femme.

Elle épousa précisément, en 1502, Ladislas (VII comme roi de Hongrie, VI comme roi de Bohême). C'est en allant rejoindre son royal époux qu'elle traversa la ville de Romorantin.

Si dans ses lettres royaux de 1503, le roi Louis XII appelle la nouvelle reine « notre chère et très aymée sœur » c'était sans doute pour se conformer à l'étiquette de la cour.

Ainsi les rois de France appelaient jadis tous les cardinaux : mon cousin.

12° Les rues de Romorantin au XVI° siècle. —
M. Maymac nous propose une petite promenade à travers les
rues de la ville de Romorantin, afin de nous la montrer telle
qu'elle était au XVI° siècle. L'idée est bonne, je le reconnais,
tout en constatant qu'un petit plan de la ville n'eut pas été
inutile pour aider le visiteur à comprendre son guide. Suivons-
le cependant.

Tandis que nous sommes dans la rue du *Grenier à sel*, il
nous apprend « que ce grenier à sel est peut-être un des plus
« anciens du royaume. Il existait en effet, en *1204, au temps*
« *de Saint-Louis*, qui constitua une rente sur ce grenier au
« profit de N.-D. du Lieu. »

Quand j'étais au collège, on m'apprenait que Saint-Louis,
né en 1215, fut couronné en 1226. Comment a-t-il pu faire
des largesses dès 1204, surtout à un établissement religieux
qui fut fondé longtemps après (1218) ?

Depuis que nous avons l'instruction obligatoire on a peut-
être changé l'art de vérifier les dates.

Faute d'impression, nous dira-t-on. C'est possible ; mais
elle est cependant regrettable cette faute, il fallait la signaler.

Voyons s'il n'y a pas d'autres *fautes d'impresssion* dans ce
chapitre.

« Remontant la rue porte Bezaulde nous atteignons (c'est
« notre guide qui parle) la porte de *la Montre*, son nom lui
« vient du cadran qui la surmonte, tout à côté de la maison
« de justice. »

Et plus loin : « Nous pouvons après avoir passé dans la
« porte Lambin, longer les murs et remonter vers le boulevard
« de la porte d'*Amont*. »

M. Maymac affirme dans cette description que la porte de
la Montre et la porte d'Amont forment deux monuments

différents. Est-ce bien certain ? Ce n'est pas ici le lieu de trancher la question, mais d'une façon ou de l'autre notre auteur se trompe.

Il est certain qu'au xvi⁰ siècle il y avait deux horloges à Romorantin : l'une sur la Grosse Tour et l'autre sur la porte d'Amont (Voir Arch. M. C. C. 2 et C. C. 24). Il est non moins certain d'autre part, M. Maymac l'affirme après l'abbé Millot (p. 50), que le 27 septembre 1677 le sommet de la Grosse Tour s'affaissa et que de ses débris on construisit une tour carrée au-dessus de la porte de l'ancienne enceinte qui se trouvait alors au milieu de la ville et on y plaça l'horloge.

Or, si ces deux portes ne font qu'une seule et même porte, M. Maymac a trouvé le moyen de faire admirer à son visiteur un monument qui n'existe pas ; si au contraire il y avait bien deux portes, la porte d'Amont avec son cadran et l'autre « à côté de la maison de justice », cette dernière ne pouvait pas au xvi⁰ siècle s'appeler la porte de la *Montre*, comme le dit M. Maymac (p. 81), puisqu'elle ne reçut l'horloge qu'à la fin du xvii⁰ siècle, c'est-à-dire cent ans plus tard.

Laissons notre guide s'égarer complaisamment dans les vieilles rues de l'Isle-Marin, ne nous attardons pas à écouter ses dissertations plus ou moins fantaisistes sur l'industrie des draps à Romorantin, depuis les temps les plus reculés jusqu'à nos jours, à entendre ses lugubres récits sur les lépreux enfermés à Saint-Ladre, etc.

Attendons-le patiemment dans le « faubourg qui deviendra « un jour la rue des Capucins. »

Un faubourg qui devient une rue, c'est déjà assez drôle, mais il y a mieux.

Ne semble-t-il pas étrange, en effet, d'entendre parler de ce couvent et des moines qui l'habitent dans un récit du xvi⁰ siècle, quand on sait que cet établissement religieux fut fondé dans le cours du xvii⁰ ?

Mais n'insistons pas et écoutons notre historien.

« Les bâtiments que les capucins occupaient ont été vendus « sous la révolution, l'emplacement qui en partie les contenait « est devenue une rue et a pris le nom de rue des Capucins (p. 92). »

Plus loin, p. 109 : « Ce couvent subit de nombreuses trans- « formations, il fut converti en hôpital à l'époque de la révo- « lution. Notre Hôtel de Ville se trouve construit en partie « sur les ruines du vieux monastère. »

Autant d'erreurs que de mots : 1° l'emplacement qui en partie contenait les bâtiments est devenu une rue et a pris le nom de rue des Capucins.

C'est faux. Cette rue existait avant la fondation du couvent, M. Maymac (p. 80), nous l'a décrite lui-même telle que nous la voyons encore aujourd'hui, cotoyant les murs du château, il l'appelle de son premier nom : la rue de Mousseaux. Plus tard cette rue s'appela rue des Capucins, à cause du couvent où elle conduisait ; elle ne fut jamais prise « sur l'emplacement « qui en partie contenait les bâtiments. »

2° « Notre Hôtel de Ville occupe aussi en partie la place du couvent » (p. 92). C'est encore faux.

Il occupe la place de l'ancien Hôtel-Dieu, oui, mais la place des Capucins, jamais.

M. Maymac, afin sans doute qu'on ne puisse pas l'accuser d'irréflexion, répète deux fois cette grosse erreur (p. 92 et 109).

Le couvent des capucins, dit encore M. Maymac, « fut « converti en hôpital à l'époque de la Révolution. » C'est toujours faux.

Pendant la révolution le couvent fut transformé en prison

d'Etat pour y renfermer les suspects ; les services hospitaliers y furent transportés beaucoup plus tard, en 1835.

Semblables erreurs nous paraissent impardonnables.

En résumé, l'auteur touche à tout dans ce chapitre, mais d'une main peu délicate, sans méthode, sans esprit de critique. C'est une véritable macédoine historique, où se trouvent pêle-mêle le Pape, Saint-Louis, François Ier, Louis XIV, la Révolution, l'abbaye du Lieu Notre-Dame, le four banal, les lépreux, les capucins, les nobles dames, etc., etc.

Les nobles dames ! C'est le digne couronnement de ce beau chapitre.

« Les lourdes tours du moyen-âge ont disparu et fait place
« à de gracieuses tourelles où se montrent les nobles dames,
« qui, comme de blanches tourterelles, roucoulent des propos
« d'amour aux jeunes et beaux écuyers qui leur font la
« cour...!!! » (Maymac, p. 94).

Nous pouvons compléter ces renseignements si gracieusement imaginés par M. Maymac, sans sortir du domaine de la fantaisie. Parmi ces élégantes tourelles, deux se dressent encore fièrement sur les ruines de nos vieilles murailles et encadrent la demeure occupée aujourd'hui par M. Maymac lui-même. Une troisième, de beaucoup la plus gracieuse, a été détruite tout récemment. Là les nobles dames conversaient plus volontiers avec les jeunes et beaux écuyers. Pour cette raison sans doute nos pères l'appelaient : *La porte aux dames.*

Et voilà comment on écrit l'histoire !

13° Guerres de religion. — Tel est le titre d'un nouveau chapitre dans lequel notre historien romorantinois parle encore un peu de tout en dehors des guerres de religion.

Il dit un mot des protestants, pour affirmer qu'ils étaient

en assez grand nombre à Romorantin dès l'année 1560, ce qui est au moins exagéré.

Il fait ensuite en cinq lignes le récit de la profanation de l'église paroissiale, cite le procès-verbal du pillage de l'abbaye du Lieu Notre-Dame, profite de la circonstance pour s'esquiver à l'anglaise et parler de ce monastère juste assez pour faire passer à la postérité le nom de son ami *M. Simon-Jugand*, conseiller d'arrondissement, et nous apprendre que Mme Marie Hurault fut abbesse de *Céanse !*

M. Maymac voudra bien nous dire dans quelle partie de la France florissait jadis cette abbaye de femmes, à moins de reconnaître qu'il a commis une de ces bourdes phénoménales qui enlèvent tout crédit à une œuvre et toute confiance en son auteur, qu'il a pris le Pirée pour un homme, un nom commun pour un nom de ville (Voir Littré au mot : céans.)

Toujours à propos des guerres de religion, notre historien raconte en sous-titre, d'après Pierre de l'Estoile, le crime de Villebourgeon, qui n'intéresse ni les guerres de religion, ni l'histoire de Romorantin, et encore moins la morale, — le voyage du roy et de la reine à Chartres pour avoir des enfants, voyage dont les augustes pèlerins ne rapportent que des ampoules aux pieds et le ridicule, selon M. Maymac, car ils sont fortement *mirlitonnés*, — enfin les relations galantes de Charlotte des Essarts avec le roi Henri IV et ensuite avec Louis de Lorraine.

Quelles malheureuses guerres de religion ! C'était vraiment un *temps bien imparfait*. Sans jeu de mot, dit M. Maymac.

14° La guerre des sabotiers et les troubles à Romorantin. —

Grâce au travail de M. L. Jarry et au rapport de M. de la Reimbaudière, M. Maymac reste d'abord à peu près dans son cadre. Mais, fidèle à ses habitudes d'école buissonnière, il se dérobe bien vite pour parler de la paix de Nimègue et des fêtes célébrées à Romorantin à cette occasion, des lourdes charges imposées à la ville par les fréquents passages de troupes.

Après avoir détaché quelques feuillets des registres de la commune de Romorantin, où l'on parle de la rupture du pont en 1770, d'un service à l'occasion de la mort de Louis XV, du *Te Deum* chanté pour le sacre de Louis XVI, etc.., il entre de plein pied dans l'histoire de Romorantin à l'époque de la Révolution.

Nous n'avons jeté qu'un coup d'œil rapide sur cette partie de l'œuvre de M. le Maire de Romorantin, assez cependant pour reconnaître que l'auteur est relativement modéré dans ses appréciations, assez aussi pour constater quelques erreurs et inexactitudes, bien qu'il se contente le plus souvent de reproduire les registres des délibérations de cette époque.

Je n'entrerai pas dans ces maquis de la chronique révolutionnaire, mais je citerai pour clore cette étude de la première partie une pensée des dernières pages :

« Si nous voulions continuer à tourner les feuillets de nos
« registres, nous n'apprendrions en effet au point de vue de
« notre histoire rien de bien intéressant et de bien nouveau.
« Nous entendrions à chaque nouvelle victoire le cri de
« « Vive l'Empereur ! », suivi d'un procès-verbal de la fête
« de Saint-Napoléon. A l'instar d'un grand nombre de fran-
« çais, nos pères avaient en effet *canonisé leur souverain et,*
« *sans attendre sa mort*, l'avaient ajouté à la collection des
« saints du calendrier. » (P. 163).

Ou M. Maymac en parlant ainsi a dit les choses comme il les pensait, ou il a cru faire de l'esprit. Dans le premier cas c'est une niaiserie, dans le second une grossière inconvenance.

Nos pères n'étaient pas si bêtes qu'il voudrait le faire croire ; ils n'avaient pas plus la pensée de *canoniser* l'empereur en célébrant la Saint-Napoléon, qu'ils n'ont ensuite canonisé Charles X en célébrant la Saint-Charles, ou le roi Louis XVIII en célébrant la Saint-Louis, ou qu'ils croiraient aujourd'hui, s'ils vivaient encore, canoniser M. le Maire de Romorantin en lui souhaitant sa fête.

Notice sur les communes.

Cette deuxième partie est précédée d'un *Avant-propos* qui mérite notre attention.

« Pour justifier le titre de cet opuscule, nous avons LE « DEVOIR de publier quelques courtes notices..... qui ont trait « aux communes de notre arrondissement. » (P. 165).

M. Maymac le reconnaît, c'était pour lui *un devoir*, s'il ne voulait pas avoir l'air de se moquer de ses lecteurs, de justifier le titre de son livre : Histoire de la Sologne.

Or il ne justifie rien, il foule aux pieds toutes ses promesses.

Il nous a promis pompeusement une *Histoire*, il nous apporte piteusement de *courtes notices*. Et combien pauvres ! Il nous a aussi annoncé une histoire de la *Sologne* et il ne nous parle plus que des *communes de l'arrondissement* de Romorantin.

L'auteur confirme lui-même la première de toutes nos critiques. Son titre était trop prétentieux pour une telle œuvre. C'est une véritable faillite. D'autant plus qu'il a lu le *Mémoire* de M. de la Saussaye et qu'il sait que le territoire de la Sologne n'est pas circonscrit au seul arrondissement de Romorantin.

Au lieu de jeter de la poudre aux yeux des lecteurs par un titre trompeur, il pouvait simplement nous promettre une histoire de la *Sologne blaisoise* et personne n'avait plus rien à dire.

Citons encore quelques lignes de cet *Avant-propos* : « Nous « aurions pu assurément les classer (les Notices) avec plus de « méthode..... mais nous tenons encore à prouver par là que « nous n'avons eu d'autre souci que celui de la vérité, et que

« notre travail de compilation, bien que fort modeste, con-
« tient des documents soigneusement contrôlés. »

Quelle naïveté ! Est-ce que l'ordre, la méthode sont néces-
sairement en opposition avec la vérité ? Au contraire. Et
M. Maymac lui-même acceptera avec plus de confiance les
affirmations d'un historien soucieux de la bonne méthode que
celle d'un brouillon sans discernement.

M. Maymac reconnaît que cette deuxième partie manque
de méthode. Je suis absolument de son avis. Voyons maintenant s'il a un aussi grand souci de la vérité qu'il veut bien le
dire et si les documents qu'il nous apporte ont été « soigneusement contrôlés. »

La commune de **Salbris** est la première en tête des
Notices. Sans doute parce qu'elle a été placée au dernier rang
sur la liste du titre général et pour montrer pratiquement
qu'il faut savoir sacrifier la méthode à la vérité.

Hélas ! je crains bien que l'une et l'autre ne soient également sacrifiées !

L'historien de Romorantin nous cite un *vieux parchemin*
daté de 1378 où il serait parlé du *Chapitre* de Salbris. Il n'y a
jamais eu, à proprement parler, de Chapitre à Salbris (1).
Jusqu'à preuve du contraire, je croirai que l'auteur fait ici
confusion, et qu'il est question dans ce document non du
Chapitre de Salbris, mais du Chapitre d'où dépendait le
prieuré de Salbris : ce qui est bien différent (2).

Page 167 il est dit : « *Les mêmes archives* nous apprennent
« qu'il existait à Salbris un *lieutenant général*. »

____

(1) Dans la partie du diocèse de Bourges qui dépendait de la généralité d'Orléans,
il n'y avait que cinq chapitres : Saint-Aignan, la Ferté-Imbault, Vatan, Graçay,
St-Austrille.
(Mémoire pour Mgr le duc de Bourgogne, p. 26.)
L'église de Salbris dépendait de St-Sulpice de Bourges.

(2) De même pour Souesmes et autres lieux où M. Maymac fonde des chapitres.

Salbris, croyons-nous, n'a jamais eu l'honneur de posséder dans ses murs un vrai lieutenant général.

La généralité d'Orléans était anciennement divisée en quatre grands bailliages : Orléans, Chartres, Blois, Montargis. Chaque grand bailliage était subdivisé en bailliages secondaires, tribunaux de première instance, dont le chef prenait modestement le titre de *lieutenant du bailli* (1).

Ces lieutenants n'avaient droit à aucun autre titre, car le siège qu'ils occupaient fut toujours subordonné à celui du chef-lieu, en vertu des principes de la hiérarchie féodale appliqués à l'ordre judiciaire (2).

Jean Brachet, précepteur de François Ier, Jean Bazin, de la famille de Jean Bazin, qui négocia heureusement l'élection du duc d'Anjou, au trône de Pologne ; plus tard, Jean Du Guéret, Nicolas Lecomte de la Guérinière, Jean Leconte de Bièvre ne prirent jamais à Romorantin d'autre titre que celui de lieutenant du bailli de Blois.

Si le chef du bailliage de Romorantin n'avait pas droit au titre de *lieutenant général*, bien que ce bailliage fut devenu *royal* depuis la réunion de la seigneurie à la couronne par l'avènement au trône de François Ier (1515), à plus forte raison le chef du petit *bailliage seigneurial* de Salbris ne pouvait-il prétendre à cet honneur.

C'est contre tout droit que certains baillis inférieurs, simples officiers de judicature préposés, comme à Salbris, pour rendre la justice aux vassaux des seigneurs dont ils tenaient le bailliage, ont pris le titre de *lieutenant général*.

Loiseau observe dans son *Traité des seigneuries* que divers arrêts ont défendu aux *lieutenants des justices seigneuriales* de

(1) Mémoire pour Mgr le duc de Bourgogne, p. 36.

(2) Dupré : Recherches historiques, p. 42.

prendre la qualité de *lieutenant général*. Le Parlement de Rouen a jugé de même par arrêt rendu le 23 juillet 1748.

Enfin, M. Maymac fait une citation et cette fois il nomme son auteur, « qui paraît bien documenté, » dit-il : c'est l'*Annuaire départemental de 1818*.

Il est parlé dans cet annuaire de l'église de Salbris et du beau rétable qui orne le sanctuaire, puis on ajoute : « Une ins-« cription gravée sur une corniche annonce que ces ornements « furent *anéantis* en 1684. »

Par le changement malheureux d'un mot on trouve le moyen de dire tout le contraire de la vérité.

Ces ornements « composés de colonnes d'ordre dorique » ne furent pas *anéantis* mais *exécutés* en 1682 (non 1684).

Du reste, le style de l'architecture seul indiquerait au besoin la date, à défaut de renseignements plus précis.

Que la faute se trouve dans l'*Annuaire* ou seulement dans la nouvelle notice sur Salbris, peu importe. Je puis dire que ce document n'a pas été soigneusement contrôlé. Et M. Maymac est d'autant plus répréhensible dans l'espèce que l'Annuaire est la reproduction exacte, avec l'erreur en plus, du rapport de M. de Fougères qu'il a cité plusieurs fois avec honneur et qu'il citera prochainement pour sa propre condamnation.

Traversons la commune de la Ferté-Imbault sans nous y arrêter pour nous rendre à **Selles Saint-Denis**, autrement Saint-Genou.

Écoutons le récit de notre historien solognot :

« La tradition rapporte simplement que ce saint (saint « Genou) *vécut et mourut* à Selles-Saint-Denis, et qu'après sa « mort ses ossements furent mis dans une châsse et exposés « longtemps à la vénération des fidèles dans une petite cha-« pelle située au milieu du bourg.

« Ces reliques ont été transportées à Paris, dans l'église
« Sainte-Geneviève. »

Comme tout cela est dit pieusement. Quel dommage qu'il
n'y ait pas un mot de vrai historiquement.

1° Saint Genou n'a jamais vécu à Selles-Saint-Denis.

2° Il n'y est pas mort.

3° Ses ossements n'y furent jamais conservés.

4° Son corps n'a pas été transporté de Selles-Saint-Denis à
Sainte-Geneviève de Paris (1).

A cela près le reste est vrai. C'est-à-dire *rien, absolument rien.*

Je sais où M. Maymac a puisé ces renseignements erronés.
Il a copié textuellement, mot pour mot, et sans prévenir le
lecteur, le rapport de M. de Fougères. C'est là, je crois, l'un
de ses auteurs favoris.

Il est parfois habile, sinon toujours délicat, de piller ainsi
son prochain sans crier gare. On peut facilement se faire une
réputation d'homme bien renseigné et jouer au savant avec
la science des autres. Malheureusement aussi on s'expose à
endosser pour son propre compte les bévues des hommes
légers, ignorants ou mal documentés.

C'est le cas de M. Maymac. Il prend *bonnement* les erreurs
de M. de Fougères, et s'en rend l'éditeur responsable *sans les
contrôler.*

M. de Fougères s'est trompé, mais il est excusable. Ce n'est
pas un savant qui a travaillé pour écrire une histoire, ce n'est
même pas un simple amateur qui a fouillé les vieilles archives
par amour de l'art, c'est un administrateur, un sous-préfet
qui, par ordre de ses supérieurs, a fait une sorte d'enquête

(1) Saint Genou naquit dans la ville même de Rome. Sacré évêque par le pape
Sixte II et envoyé dans les Gaules par le même pontife, il évangélisa la ville de
Cahors et les contrées environnantes. De là il vint à Bourges et se retira sur les
bords du Nahon, où il mourut. Son corps fut conservé à Saint-Genou-sur-Nahon
(Indre) et non à Saint-Genou-sur-Sauldre (Loir-et-Cher).

officielle sur les différentes communes de son arrondissement, et a réuni ses *notes* sous forme de *rapport*.

Il dit ce qu'il a vu, entendu, dans sa tournée administrative, sans avoir le temps de rien contrôler. Aussi son travail intéressant au point de vue de la tradition, utile même à consulter, est à peu près nul comme valeur documentaire.

On ne saurait invoquer les mêmes circonstances atténuantes en faveur de M. Maymac. Il a la prétention d'écrire une véritable *Histoire*, histoire d'une ville, histoire de toute une contrée, au moins il l'annonce en gros caractères dans son titre. Il fait sonner bien haut ces mots : *nos archives, nos antiques parchemins, nos vieux documents.*

De plus il vient presque un siècle après M. de Fougères, c'est-à-dire quand nos archives ont été fouillées, inventoriées par M. de Martonne, M. de Fleury et M. Bournon, quand des hommes comme M. Dupré ont fait des recherches sérieuses sur Romorantin.

On a donc le droit de lui demander davantage qu'à ses devanciers. C'était son devoir de les étudier, de les contrôler avec un esprit de saine critique.

Et au lieu de cela il les suit servilement jusque dans leurs plus grossières erreurs.

J'attendais mieux de M. Maymac au point de vue de l'histoire, et mieux aussi sous le rapport du raisonnement.

Je ne puis résister au plaisir de reproduire cette phrase qui confirme pleinement ma dernière affirmation :

« La même tradition (celle de saint Genou) nous est rap-
« portée relativement à saint Eusice, le premier fondateur de
« la ville de Selles-sur-Cher, et comme cette légende nous est
« confirmée par de très authentiques parchemins, nous avons
« tout lieu de croire à l'exactitude des faits que les légendaires

« nous ont transmis relativement à l'existence de saint Génulphe
« dont on a fait saint Genou. » (M. Maymac, p. 173).

En d'autres termes et plus brièvement : Tout ce qu'on a dit
de saint Eusice est vrai, prouvé, confirmé, donc tout ce qui est
raconté de saint Genou est également vrai, prouvé, confirmé.

Quelle logique ! Quelle puissance de raisonnement ! Comme
il serait facile de retourner la proposition : tout ce que dit
M. Maymac de saint Genou est faux, donc tout ce qu'il raconte
de saint Eusice est à côté de la vérité !!!

Qui donc a dit que M. Maymac est un sceptique et un
malin ?

Un sceptique ? Jamais de la vie. Mais cet homme a la foi
du meunier, il croit sans raisonner.

Un malin ? En affaires peut-être, mais certes pas en histoire.

En veut-on encore une preuve, allons jusqu'à **St-Viâtre.**

« S'il faut en croire l'histoire un peu mêlée de légendes,
« dit M. Maymac (p. 174), UN RELIQUAIRE de Saint-
« Mesmin, près Orléans, plus tard canonisé sous le nom de
« Saint-Viâtre, aurait quitté... son monastère pour venir vivre
« en ermite dans un endroit retiré de la Sologne. »

Un *reliquaire* qui se promène tout seul dans les déserts de
la Sologne, trouvez-vous que ce soit banal ? Quand on a pris
céans pour un nom de monastère, on peut confondre un
reliquaire avec un *saint canonisé*, il n'y a que la différence du
contenu au contenant.

Mais admettons que ce soit une simple coquille, qu'on ait
mis *un reliquaire*, pour *un moine* ou *un religieux*, chose possible,
c'est toujours une faute grave à ajouter à la liste déjà si longue
des *errata* échappés à l'inexpérience du correcteur.

Que notre lecteur se rassure, nous ne le conduirons pas de
pays en pays à la suite de M. Maymac. Ce voyage circulaire en

Sologne serait beaucoup trop long, surtout si nous avions la prétention de relever chemin faisant toutes les erreurs et les incorrections.

Remarquons d'une façon générale que presque toutes les *Etudes* sont traitées avec la plus grande légèreté.

Pour entrée en matière, M. Maymac commence par une phrase banale comme celle-ci : « Cette commune ne tient pas « une grande place dans l'histoire de nos archives...» ou bien : « L'historique de cette commune est court. »

Puis il cite un document pris au hasard, sans indiquer le plus souvent la source où il le puise et la *Notice* est bâclée.

Donnons deux exemples :

Maray. « Le chef-lieu de cette commune est très coquet-« tement assis sur les coteaux qui dominent la rive gauche du « Cher.

« La seule situation des lieux semblerait démontrer qu'aux « temps féodaux quelque château-fort a dû se dresser sur ces « hauteurs, mais nous sommes forcés de convenir qu'aucune « ruine ne vient vérifier cette hypothèse. » (P. 231).

Comme voilà le lecteur bien renseigné.

« Nous nous bornerons donc à constater que le territoire « de cette commune prouve par son morcellement et sa bonne « culture, l'effort constant des laborieux habitants des bords « du Cher. »

Ainsi une supposition sans fondement, un petit compliment « aux laborieux habitants des bords du Cher » pour la réclame électorale, résument toute l'histoire de Maray.

Pas un mot de la foire fameuse qui a rendu le nom de Maray si populaire à vingt lieues à la ronde.

Il eut été facile au moins de dire l'origine de cette foire

célèbre entre toutes celles de la contrée et d'expliquer pourquoi elle se tient le 14 septembre de chaque année.

Les habitants de Maray ne seront certainement pas satisfaits de cette regrettable omission.

Saint-Loup, Saint-Julien. « Ces deux villes sises « sur la rive gauche du Cher, ont dû à raison de leur merveil- « leuse situation, contenir les ruines de quelques vieux châ- « teaux-forts. »

Mais comme à Maray il faut convenir qu'aucune ruine ne vient vérifier cette hypothèse. Même ritournelle, même sup-position.

« On peut en tous cas y retrouver encore les traces de *deux* « vieilles abbayes. Nous savons par de vieux documents (qu'on se garde bien de citer et pour cause) « qu'il existait ancienne- « ment une abbaye de *Bernardines* à Saint-Julien-sur-Cher. On « voit encore à Saint-Loup les ruines de l'abbaye d'*Olivet.* »

M. Maymac embrouille si bien les choses que je ne sais plus par quel bout le prendre.

Quelle légèreté désespérante !

D'un trait de plume et sans se douter des merveilles qu'il opère, il découvre des monastères là où il n'y en a jamais eu et transforme sans façon les abbayes d'hommes en abbayes de femmes.

Car il n'y eut jamais d'abbaye sur la paroisse de Saint-Loup et l'abbaye d'Olivet située sur la paroisse de Saint-Julien (non celle de Saint-Loup) était habitée par des religieux bernardins ou cisterciens et non par des *bernardines*.

Nouvelle preuve que les documents de M. Maymac sont toujours *très sérieusement* contrôlés.

Et pourtant il n'aurait eu qu'à copier son auteur, M. de Fougères, mieux renseigné sur l'abbaye d'Olivet que sur la vie de saint Genou. Voici l'extrait du *Rapport* : « Une abbaye de *Bernardins*, peu considérable, nommée Olivet, est située sur la commune de Saint-Julien... les bâtiments étaient peu étendus. Il ont été vendus dans la révolution : ils subsistent encore (1818) ainsi que l'église convertie en grange. »

Je laisse de côté, pour le moment, des localités importantes à divers titres, comme : *Mennetou-sur-Cher, Selles sur-Cher, Pierrefitte, La Ferté-Imbault, Neung, La Motte-Beuvron, etc.*

Je citerai cependant pour la joie des lecteurs les observations qui terminent la *Notice* sur cette dernière commune de *La Motte-Beuvron*.

« La Motte-Beuvron est aujourd'hui admirablement des-
« servie par la grande ligne de Paris à Toulouse, déversant à
« chaque train de nombreux chasseurs qui y sèment l'argent
« et la gaîté, et ont fait ainsi de ce giboyeux pays une de nos
« plus riantes stations.

« Le jour où un maire en bonne humeur poserait en place
« publique un lapin (1) sur un socle de marbre, il pourrait
« provoquer sans doute une certaine hilarité et cependant il
« ne ferait qu'acquitter une dette de gratitude. C'est bien en
« effet *le lapin*... qui a commencé... la fortune de ce pays. »
(P. 188).

Cette fois, c'est un véritable trait de génie ! On dira un jour aussi que le *lapin* a commencé... la réputation de M. Maymac !

« L'un portant l'autre, ils arriveront aux rivages de l'im-
mortalité. »

Je n'ai jamais eu la prétention de relever dans ces *Notes* les

----

(1) Il y a bien des manières de *poser un lapin* !

fautes sans nombre qui fourmillent le long du livre de M. Maymac. Mais, sans parti pris contre un auteur que je ne connais pas et par amour de la vérité historique, j'ai voulu signaler à titre d'exemple, au courant de la plume, les principales impressions d'une première lecture, et ainsi mettre en garde les bons habitants de Romorantin et les vrais amis de la Sologne contre une œuvre d'ignorance *brouillonne et de légèreté* (1).

Si mes loisirs me le permettent, j'étudierai plus à fond cette Histoire de Romorantin et je noterai soigneusement mes *nouvelles observations*. Mais dès aujourd'hui, je tiens en terminant à signaler plusieurs omissions tout aussi regrettables que les plus grosses erreurs.

M. Maymac dit quelque part, à la page 153, je crois :

(1) Il serait facile dès maintenant d'augmenter la liste déjà si longue des *errata*.
Ainsi, presque tous les noms des seigneurs qui signèrent la charte d'affranchissement de Romorantin sont affreusement mutilés.

Page 32, au lieu de :	*Il faut lire :*
Pierre de Chamoy.	Pierre de Charnay.
Berry de Galercy.	B. de Galerey.
Pierre Goinelin.	P. Goncelin.
Garnier de Friésie.	G. de Friaise.
Yvonnet de Courbeville.	Y. de Courville.
Roger de Milly.	R. de Millançay, en tenant compte du signe d'abbréviation.
P. 108, Henri III.	Henri IV.
P. 180, Haute et *parente* lignée.	Haute et puissante lignée.

Page 101, M. Maymac confond les mesures agraires avec les mesures de capacité : Le roi, dit-il, donna aux religieuses du Lieu Notre-Dame *deux septries* de sel chaque année. Que de sel, grand Dieu ! N'est-ce pas deux septiers ou setiers qu'il faudrait dire ?

P. 225. Le mot *moëllon*, qui désigne la petite pierre à construire du pays, est écrit d'une façon bien bizarre.
Le pauvre collégien qui aura cette page à lire en public sera diablement embarrassé en face de ce fragment de phrase : « Les carrières.... produisaient plus de *mœllons* « que de gros quartiers.... » Et de cet autre : « Tout le reste est en maçonnerie de « *mœllons* d'une solidité d'ailleurs à toute épreuve. »
Je n'en doute pas, surtout si on y a joint quelques bonnes *grosses citrouilles* pour relier les *mœllons* ensemble.
J'entends d'ici les francs éclats de rires de tous les copains en liesse. Cet âge est sans pitié.

« Nous n'avons d'ailleurs qu'un désir et qu'un but : montrer
« que notre pays a de belles pages dans son histoire. »

Vaines paroles !

C'est sans doute pour réaliser ce désir pourtant si légitime,
que M. Maymac, qui a relaté avec complaisance quelques
récits grivois étrangers à la chronique locale, a laissé dans
l'ombre les souvenirs les plus glorieux pour la ville de Romorantin.

Ainsi, au commencement du mois de juin 1429, Jeanne
d'Arc quitte la ville de Selles-sur-Cher et se dirige sur Romorantin avec l'avant-garde de l'armée royale qui doit conduire
le roi de France de triomphes en triomphes jusqu'à la ville de
Reims où il sera sacré.

« Je la vis, dit Guy de Laval, monter à cheval, armée tout
« en blanc, sauf la tête, une petite hache en sa main, sur un
« grand coursier noir. » (1).

Un gracieux page porte son étendard déployé. Les habitants
de Romorantin, si rudement éprouvés depuis de longues
années par les incursions des Anglais, reçurent avec enthou-
siasme la grande libératrice, l'ange de la France !

Là, comme dans toutes les villes et bourgades qui se trou-
vaient sur le chemin de Jeanne « ce fut comme une adoration,
« elle ne savait comment s'en défendre. On se jetait aux pieds
« de son cheval, on baisait ses mains et ses pieds. » (2).

Longtemps nos ancêtres conservèrent le souvenir de ce
grand événement, qu'ils regardaient comme l'un des plus
glorieux de leur histoire.

Tel n'est pas sans doute l'avis de M. Maymac, qui n'indique
pas même d'un mot le passage de Jeanne d'Arc.

(1) Lettre de Guy de Laval (8 juin 1429), petit-fils de l'illustre Bertrand du
Guesclin.

(2) Wallon, p. 146-147.

Jean, dit Bastard d'Orléans, l'un des plus braves compagnons d'armes de la Pucelle, fut seigneur de Romorantin pendant près de dix ans, jusqu'au jour où Charles d'Orléans lui céda le comté de Dunois, dont il devait illustrer le nom (1). Il vint plusieurs fois visiter sa bonne ville de Romorantin, spécialement le 6 août 1431, et s'intéressa à sa prospérité.

M. Maymac semble ignorer tous ces détails et ceux qui le liront les ignoreront comme lui.

Le jeune dauphin François de France, fils de Henri II et de la trop fameuse Catherine de Médicis, fut élevé, dit-on, à Mousseaux, près Romorantin, jusqu'à l'âge de six ans.

N'est-ce pas encore un détail d'une réelle importance, digne de figurer dans la chronique d'une petite ville ?

Malgré son véhément désir « de montrer que notre pays a « de belles pages dans son histoire, » M. Maymac oublie de mentionner ce fait ou au moins de le discuter s'il a des doutes.

Il déchire cette page de notre histoire locale, comme il déchirera les feuillets qui nous rappellent la visite de François II devenu roi de France.

Le roi fit son entrée solennelle à Romorantin (mai 1560), avec la jeune reine, Marie Stuart, de douce et sympathique mémoire, alors dans la grâce de ses dix-huit ans et dans tout l'éclat de la majesté royale.

Pendant ce séjour de la Cour à Romorantin, fut rendu l'édit fameux, connu dans l'histoire sous le nom d'*Edit de Romorantin*.

Est-ce ignorance ? Est-ce légèreté ou dédain ? M. Maymac

---

(1) Par lettres datées de Bourn, 29 mars 1427, Charles d'Orléans avait donné à son frère Jean la seigneurie de Champ-Leroy. Deux ans plus tard, le 14 Décembre 1430, le même Charles, par lettres datées d'Amptill, mit son frère, le Bastard d'Orléans, en possession des châtellenies de Romorantin et de Millançay.

(De La Borde : *Recueil sur les ducs de Bourgognes* · Pièces justificatives, Tome III, p. 300, n°° 6439 et 6443 ; et Cabinet historique, p. 105).

ne fait même pas allusion à ce monument capital qui a gravé le nom de Romorantin sur les tables de l'histoire générale de France.

Je m'arrête...

En voyant tant d'erreurs amoncelées, tant de lacunes, tant de fautes, je pense que *la Sologne* méritait un autre historien, et que, après l'œuvre de M. Maymac, à cause même de cette œuvre si incorrecte, si insuffisante, l'*Histoire de Romorantin* est encore à faire.

FIN